머리가 좋아지는 **칠교놀이**

지은이 : 전도근 · 유순덕

예감출판사

머 리 말

　칠교는 예전부터 남녀노소들이 즐겁게 해 오던 놀이로서 인지기능을 향상시키는데 탁월한 효과가 있는 것으로 각종연구에서 증명되고 있다. 따라서 치매의 시작은 인지기능의 저하로부터 시작되기 때문에 노인들 대상으로 칠교놀이를 하게 되면 인지기능이 향상되어서 치매를 예방하는데 도움을 받을 수 있다. 또한 치매에 걸린 환자들에게도 칠교놀이를 통하여 손 움직임을 하여 뇌를 자극하고, 인지기능의 저하를 지연하는데 도움이 된다.

　칠교는 저렴하기도 하고, 놀이 방법이 쉬워서 언제 어디서나 쉽게 할 수 있다는 장점이 있다. 따라서 무료하게 시간을 보내기 보다는 칠교놀이를 통해서 인지기능을 자극하고, 치매를 예방할 수 있다면 이는 일석이조라고 할 수 있다.

　이 책은 노인들의 시공간력과 판단력을 높이기 위하여 칠교 문제를 보고 칠교를 조합하여 문제를 해결하도록 되어 있다. 이 책의 특징은 칠교로 만든 도형을 실제 크기로 하였기 때문에, 조합하여 만들기 어려울 때는 직접 칠교 조각들을 배열하여 시공간력을 높이도록 하였다.

　칠교놀이를 치매안심센터, 노인정, 경로당, 요양원, 요양병원, 노인복지관, 노인대학, 데이케어 센터 등 노인관련 기관에서 활용하여 치매를 예방할 수 있기를 기대해 본다.

지은이 일동

목 차

제1장 칠교의 개념과 놀이 방법

1. 칠교의 정의와 유래

칠교(七巧)는 정사각형의 평면을 일곱 조각내어 사람이나 동물, 여러 가지 형상을 꾸미며 노는 놀이를 말한다. 예전부터 칠교를 하면 지혜가 길러진다고 해서 지혜판(智慧板)이라고도 하고, 손님을 머무르게 하는 판이라고 하여 유객판(留客板)이라고도 한다.

칠교는 어떻게 전래되었는지는 확실히 알 수 없으나 맨 처음 중국에서 전해져 온 놀이라고 한다. 역사적으로 칠교라는 글자가 주나라 때부터 있던 것으로 보아 그 이전부터 있던 놀이라 여겨진다.

칠교의 유래는 고대 중국의 전설에서 찾아볼 수 있다. 중국의 어느 학자가 도기로 된 전(바닥에 까는 타일과 같은 것)을 그의 가장 귀중한 보물로 여기고 있었는데, 어느 날 그만 그것을 땅에 떨어뜨리고 말았다. 이렇게 해서 전은 일곱 개의 조각으로 쪼개졌다고 한다. 그것을 가지고 놀았다는데서 부터 칠교가 만들어졌다고 유래한다.

칠교놀이를 발전시켜 서양에서는 탱그램(Tangram)이라고 한다. 이것이 일본과 우리나라에서는 칠교놀이라 하여 전해 내려오고 있다.

2. 칠교의 특징

　칠교는 여러 가지 조각 맞추기 놀이가 많지만, 일곱 개 도형의 구성이 치밀하고 완성도가 높아 칠교(七巧)를 따라갈 놀이가 없다. 칠교는 아주 오래 전에 만들어진 놀이인데도 불구하고, 요즘에도 많이 행해지는 놀이이다.

　칠교로 만들 수 있는 형태는 무궁무진하다. 현재 전세계 사람들이 독창적인 새로운 모형을 개발하여, 그 모양의 수가 무려 1만 여 가지가 넘는다고 한다. 그 많은 형태가 단 일곱 개의 조각으로 만들어지므로 '교묘한 조각'이라는 말까지도 생기게 되었다.

　단 일곱 개의 조각을 빼지도 더하지도 않고, 검은 그림자처럼 교묘하게 움직이는 변화무쌍한 칠교의 신비스러운 힘은 예술적이면서 과학적이고 심지어 유머러스한 면도 있다.

　칠교에 다양한 형태를 제공한 사람으로는 헤밍웨이·나폴레옹·에드거 앨런 포, 기하학으로 유명한 유크리트 등인데, 특히 나폴레옹은 세인트헬레나 섬으로 유배 갔을 때, 대부분의 시간을 상아로 만든 칠교를 하면서 보냈다고 한다.

3. 칠교 만드는 방법

칠교는 나무판으로 만드는데 보통 사방 10cm 정도의 크기로 만든다.
정사각형으로서 길이의 비가 일정해야 한다. 이 7조각을 잘라 여러 가지
모양을 만든다. 삼각형 큰 것 2개, 작은 것 2개, 마름모꼴(평행사변형)
1개, 정사각형 1개, 중간 삼각형 1개로 만드는데, 넓이는 작은 삼각형을
'1'로 했을 때 중간 삼각형·마름모꼴· 정사각형은 '2'에 해당하고 큰 삼각
형은 '4'에 해당한다.

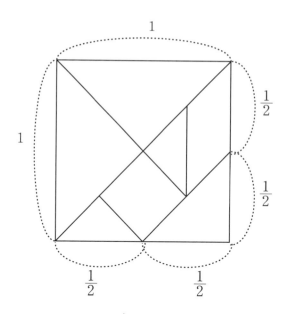

4. 칠교놀이 방법

1) 혼자 하는 경우

혼자 칠교놀이를 할 때는 일곱 개의 조각판을 모두 이용하여 칠교도(七巧圖)의 문제를 보면서 만든다. 문제를 보고 만들지 못하는 경우에는 칠교도의 그림에 직접 놓아서 만든다.

2) 2명 이상 하는 경우

두 명 이상이 칠교놀이를 하는 경우는 편을 갈라서 경쟁을 할 수 있다. 놀이를 시작하기 전에 10점 또는 20점을 내기로 정하고 놀이를 시작한다.

① 가위·바위·보로 순서를 정해, 이긴 편이 먼저 진편에게 만들 형태를 지정해서 만들도록 한다.

② 상대편은 토의를 하여 지혜를 모아 3분 안에 만들어 놓아야 한다.

③ 맞추면 1점을 얻게 되고, 시간 안에 맞추지 못하게 되거나 점수를 얻으면 칠교를 상대편에게 넘겨주어야 한다.

④ 경쟁에서 이기기 위해서는 되도록 상대편이 만들기 어려운 것을 골라 제시한다.

⑤ 먼저 정해진 점수에 도달한 편이 생기면 이기며, 경기를 끝낸다.

5. 칠교놀이의 장점

① 칠교놀이는 남녀노소 누구나가 즐길 수 있는 놀이이다.

② 칠교놀이는 두뇌 개발에 많은 도움을 준다.

③ 칠교놀이는 도형에 대한 이해를 높일 수 있다.

④ 칠교놀이는 여러 가지 모양을 만들 수 있어 창의력을 키우는 데 매우 큰 도움이 된다.

⑤ 칠교놀이는 여러 가지 모형을 만들어 내는 능력을 키운다.

⑥ 칠교놀이는 놀이 기구가 간단하고 여가 시간에 간단하게 아무 장소에서나 즐길 수 있다.

⑦ 칠교놀이는 상상력을 키울 수 있다.

⑧ 칠교놀이는 재미있기 때문에 흥미를 유발할 수 있다.

⑨ 칠교놀이는 조형적 감각, 미적 감각을 기를 수 있다.

⑩ 칠교놀이는 손을 움직여 조각을 맞추기 때문에 소근육 운동에 좋다.

6. 치매예방 효과

칠교놀이는 조각을 움직이기 위하여 손 움직임을 통하여 뇌를 자극할 뿐만 아니라, 다양하게 뇌에 영향을 미친다.

구 분	내 용	치매예방 효과
집중력	어떤 일을 할 때 상관없는 주변 소음이나 자극에 방해 받지 않고 몰두하는 능력	조각을 맞추기 위해서 정신과 손 움직임에 집중해야 하기 때문에 집중력을 높일 수 있다.
지각력	외부의 자극을 정확하게 인지하는 능력	칠교의 색깔이나 형태를 정확하게 인식해야 만들 수 있기 때문에 지각력을 높일 수 있다.
기억력	일상에서 얻어지는 인상을 머릿속에 저장하였다가 다시 떠올리는 능력	형태를 만들기 위해서 형태를 구성하는 조각에 대한 기억을 해야 하기 때문에 기억력을 높일 수 있다.
판단력	사물을 올바르게 인식·평가하는 사고의 능력	조각을 어디에 위치해야 원하는 형태를 만들 수 있기 때문에 판단력이 높아진다.
시공간력	사물의 크기, 공간적 성격을 인지하는 능력	칠교의 조각들의 크기나 형태, 공간적 성격을 이해해야만 형태를 만들 수 있기 때문에 시공간력을 높일 수 있다.
계산능력	물건 또는 값의 크기를 비교하거나 주어진 수의 연산의 법칙에 따라 처리하여 수치를 구하는 능력	칠교의 크기를 비교하거나 길이에 대한 계산 능력이 있어야만 형태를 만들 수 있기 때문에 계산능력을 높일 수 있다.

제2장 칠교 만들기

❶ 지도자는 주제를 정해서 만들도록 지도한다.

❷ 주제를 만들면서 주제를 보면 생각나는 것이 있으면 기억력을 높이도록 말해보라고 한다.

❸ 주제를 만들면서 주제와 관련된 경험이 있으면 기억력을 높이도록 말해보라고 한다.

❹ 문제에 나온 도형을 못 만들면 답지 위에 칠교를 놓아서 만들도록 한다.

1. 숫자 1 만들기

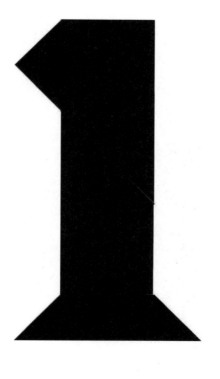

※ 숫자 1을 보면 생각나는 것이 있으면 말해보세요.

※ 숫자 1에 관련된 경험을 말해보세요.

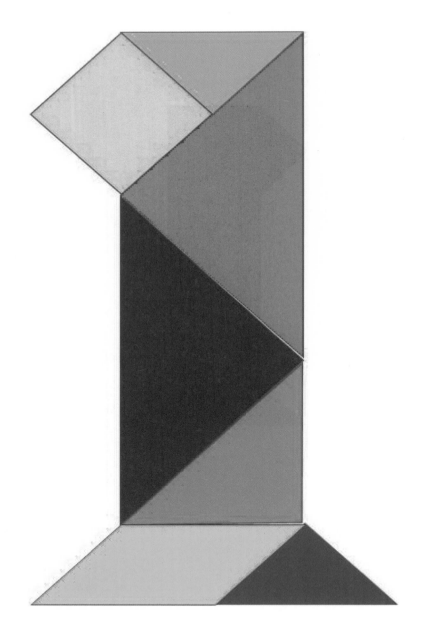

2. 숫자 2 만들기

※ 숫자 2를 보면 생각나는 것이 있으면 말해보세요.

※ 숫자 2에 관련된 경험을 말해보세요.

※ 숫자 3을 보면 생각나는 것이 있으면 말해보세요.

※ 숫자 3에 관련된 경험을 말해보세요.

4. 숫자 4 만들기

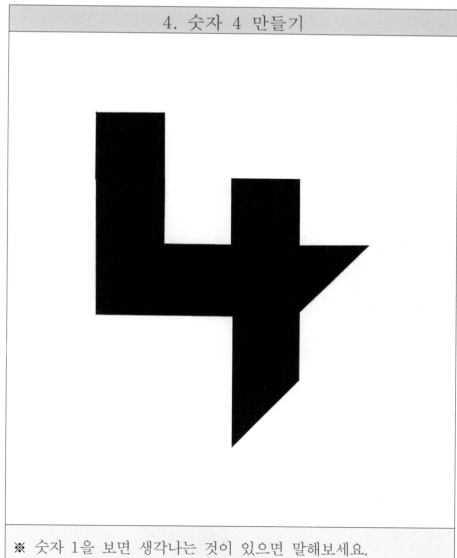

※ 숫자 1을 보면 생각나는 것이 있으면 말해보세요.

※ 숫자 1에 관련된 경험을 말해보세요.

5. 숫자 5 만들기

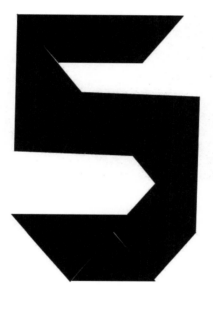

※ 숫자 1을 보면 생각나는 것이 있으면 말해보세요.

※ 숫자 1에 관련된 경험을 말해보세요.

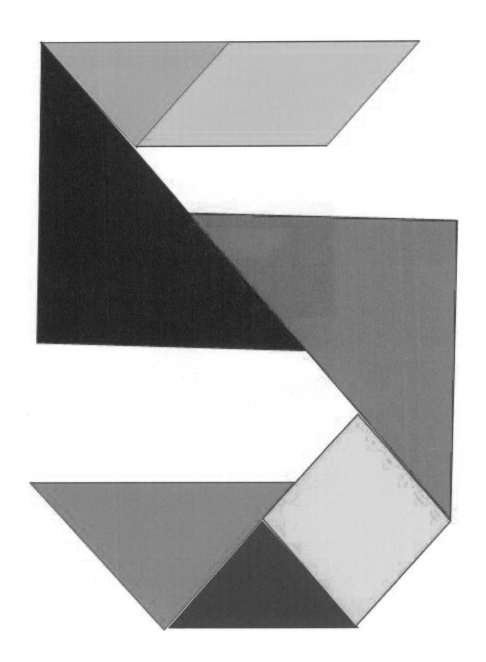

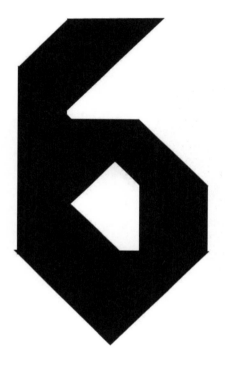

※ 숫자 1을 보면 생각나는 것이 있으면 말해보세요.

※ 숫자 1에 관련된 경험을 말해보세요.

※ 숫자 1을 보면 생각나는 것이 있으면 말해보세요.

※ 숫자 1에 관련된 경험을 말해보세요.

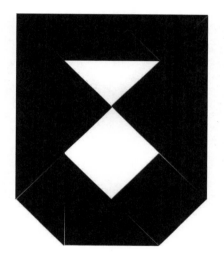

※ 숫자 8을 보면 생각나는 것이 있으면 말해보세요.

※ 숫자 8에 관련된 경험을 말해보세요.

9. 숫자 9 만들기

※ 숫자 9를 보면 생각나는 것이 있으면 말해보세요.

※ 숫자 9에 관련된 경험을 말해보세요.

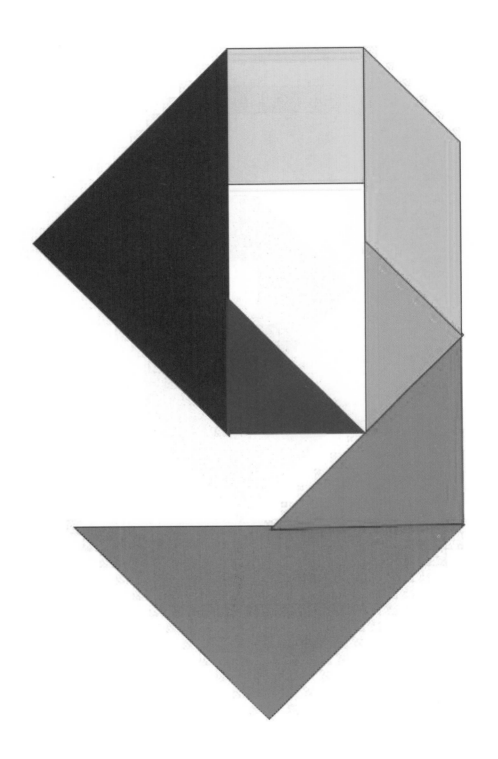

10. 숫자 0 만들기

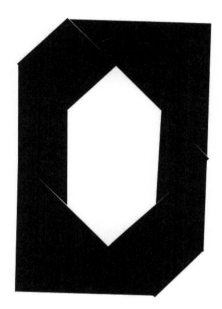

※ 숫자 0을 보면 생각나는 것이 있으면 말해보세요.

※ 숫자 0에 관련된 경험을 말해보세요.

11. 개 만들기

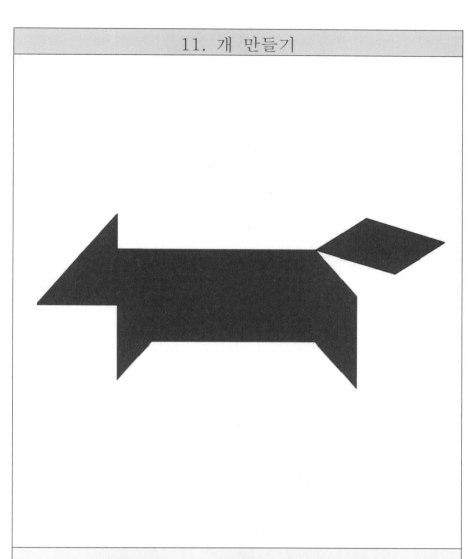

※ 개를 보면 생각나는 것이 있으면 말해보세요.

※ 개에 관련된 경험을 말해보세요.

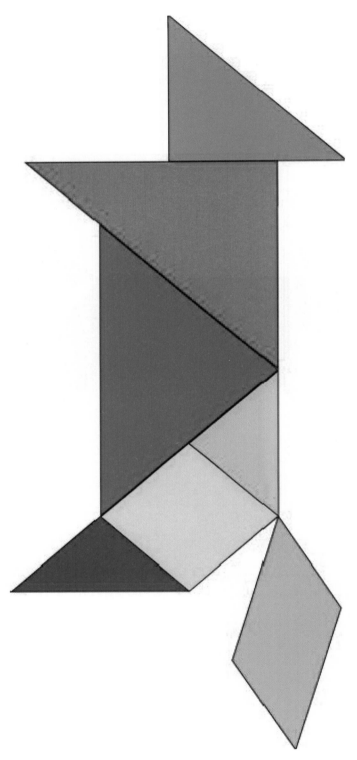

※ 고양이를 보면 생각나는 것이 있으면 말해보세요.

※ 고양이에 관련된 경험을 말해보세요.

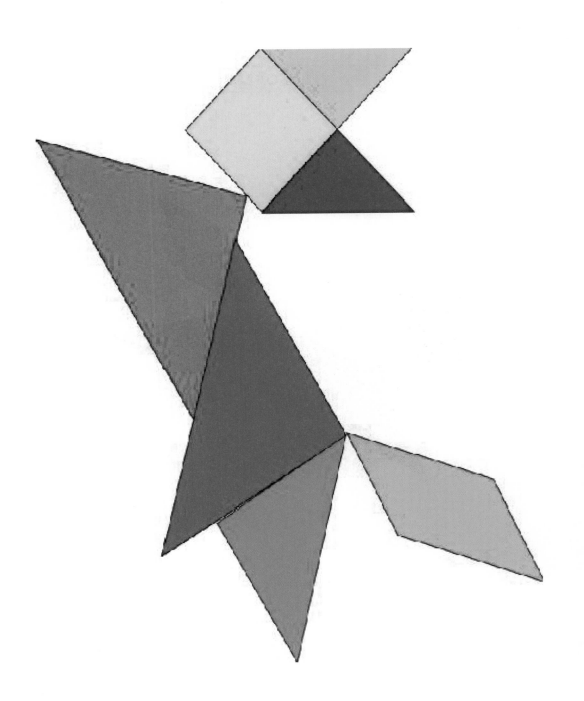

13. 공장 만들기

※ 공장을 보면 생각나는 것이 있으면 말해보세요.

※ 공장에 관련된 경험을 말해보세요.

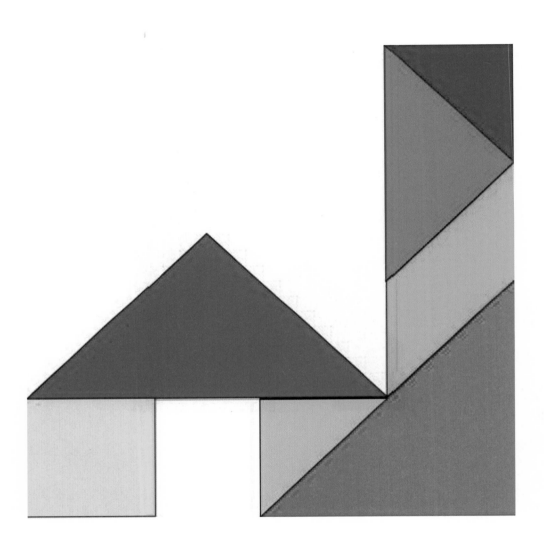

14. 그릇 만들기

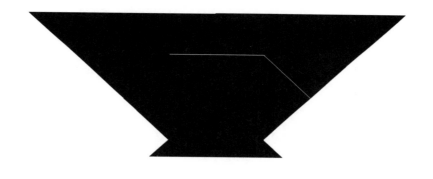

※ 그릇을 보면 생각나는 것이 있으면 말해보세요.

※ 그릇에 관련된 경험을 말해보세요.

15. 나무 만들기

※ 나무를 보면 생각나는 것이 있으면 말해보세요.

※ 나무에 관련된 경험을 말해보세요.

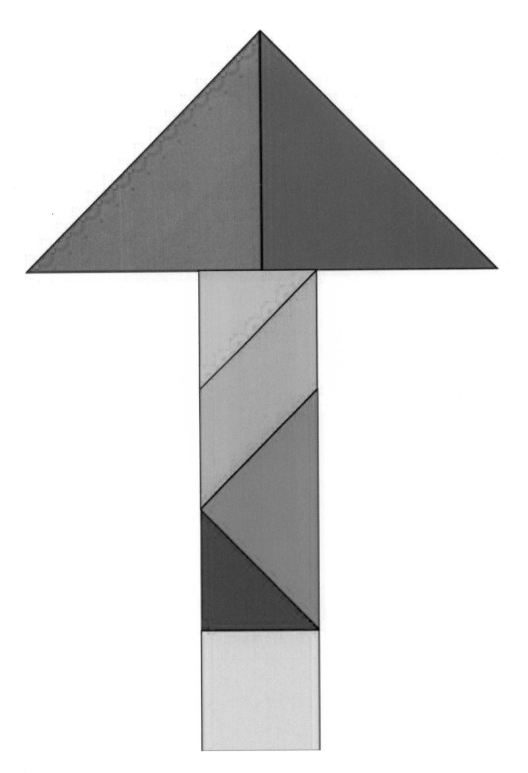

16. 네모 만들기

※ 네모를 보면 생각나는 것이 있으면 말해보세요.

※ 네모에 관련된 경험을 말해보세요.

※ 다리미를 보면 생각나는 것이 있으면 말해보세요.

※ 다리미에 관련된 경험을 말해보세요.

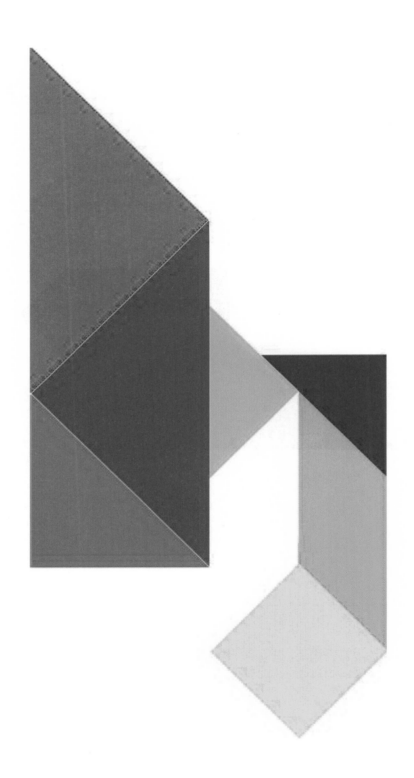

18. 돌고래 만들기

※ 돌고래를 보면 생각나는 것이 있으면 말해보세요.

※ 돌고래에 관련된 경험을 말해보세요.

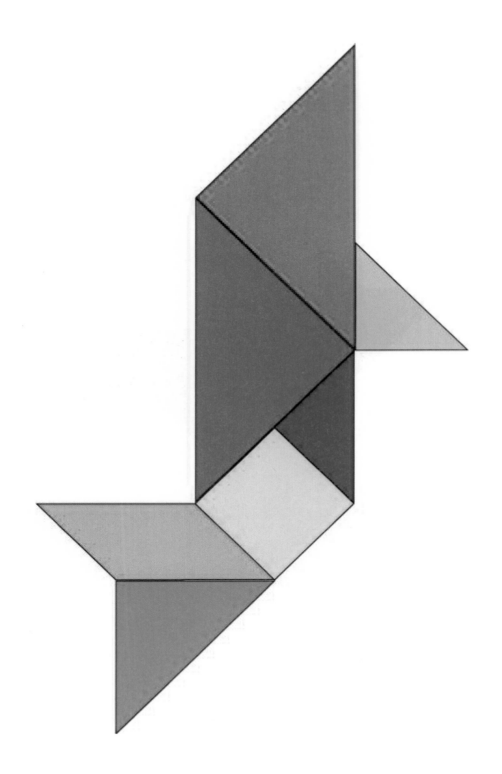

19. 돛단배 만들기

※ 돛단배를 보면 생각나는 것이 있으면 말해보세요.

※ 돛단배에 관련된 경험을 말해보세요.

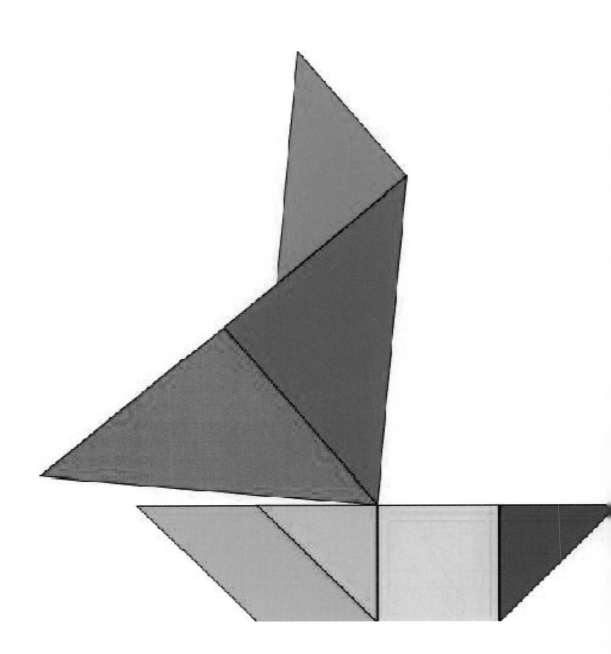

20. 마름모 만들기

※ 마름모를 보면 생각나는 것이 있으면 말해보세요.

※ 마름모와 관련된 경험을 말해보세요.

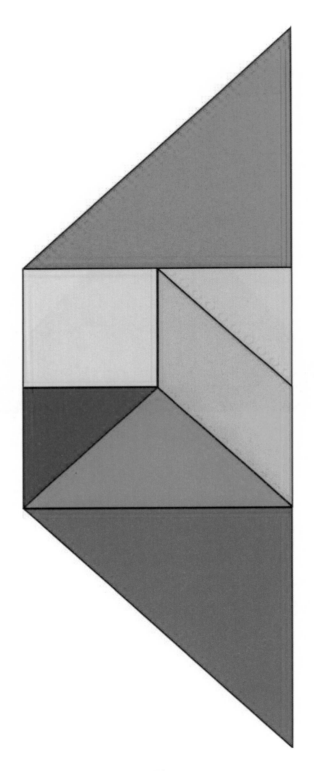

21. 물뿌리개 만들기

※ 물뿌리개를 보면 생각나는 것이 있으면 말해보세요.

※ 물뿌리개와 관련된 경험을 말해보세요.

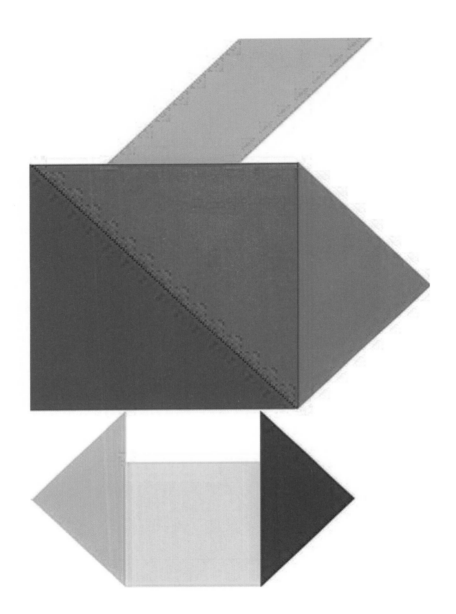

22. 물음표 만들기

※ 물음표를 보면 생각나는 것이 있으면 말해보세요.

※ 물음표에 관련된 경험을 말해보세요.

※ 배를 보면 생각나는 것이 있으면 말해보세요.

※ 배에 관련된 경험을 말해보세요.

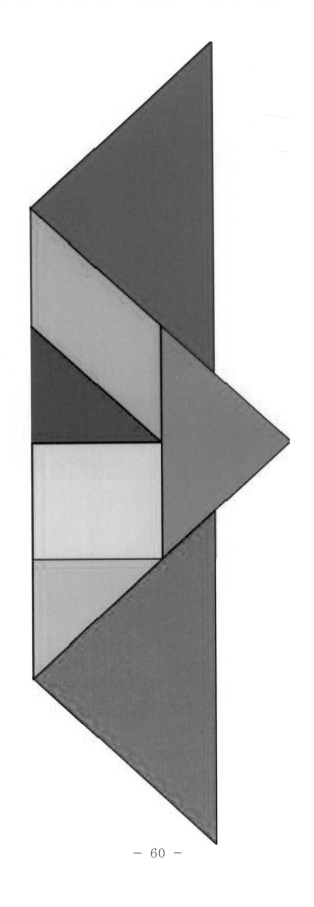

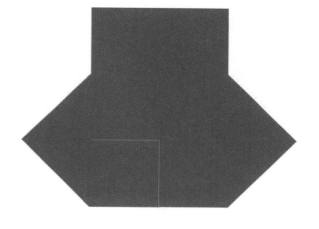

※ 복주머니를 보면 생각나는 것이 있으면 말해보세요.

※ 복주머니에 관련된 경험을 말해보세요.

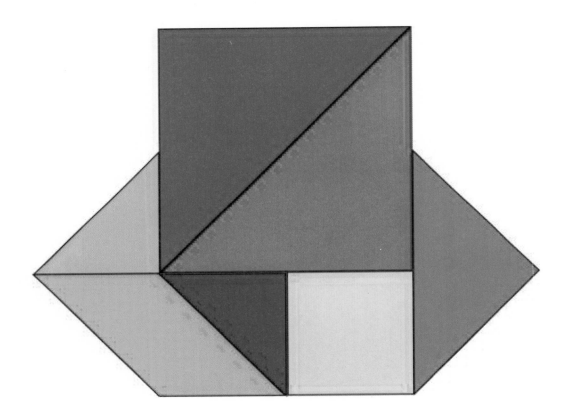

25. 비행기 만들기

※ 비행기를 보면 생각나는 것이 있으면 말해보세요.

※ 비행기에 관련된 경험을 말해보세요.

26. 사람 만들기

※ 뛰어 가는 사람을 보면 생각나는 것이 있으면 말해보세요.

※ 다급하게 뛰어 본 경험을 말해보세요.

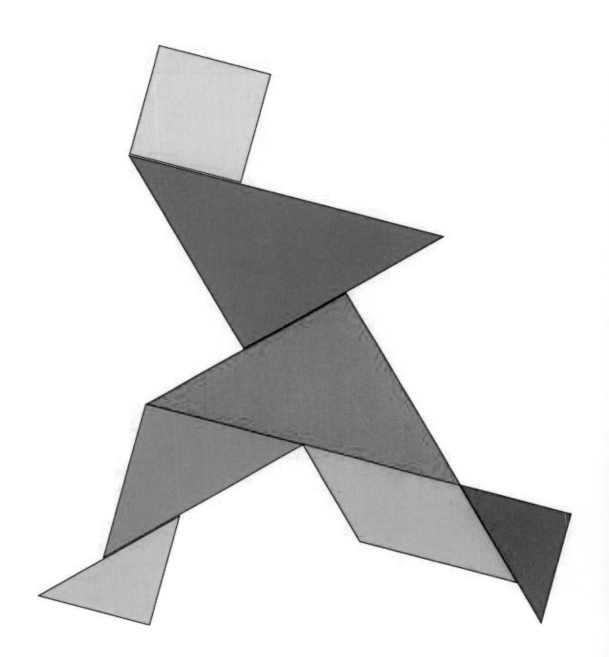

27. 사자 만들기

※ 사자를 보면 생각나는 것이 있으면 말해보세요.

※ 사자에 관련된 경험을 말해보세요.

28. 산 만들기

※ 산을 보면 생각나는 것이 있으면 말해보세요.

※ 산에 관련된 경험을 말해보세요.

29. 새 만들기

※ 새를 보면 생각나는 것이 있으면 말해보세요.

※ 새에 관련된 경험을 말해보세요.

30. 세모 만들기

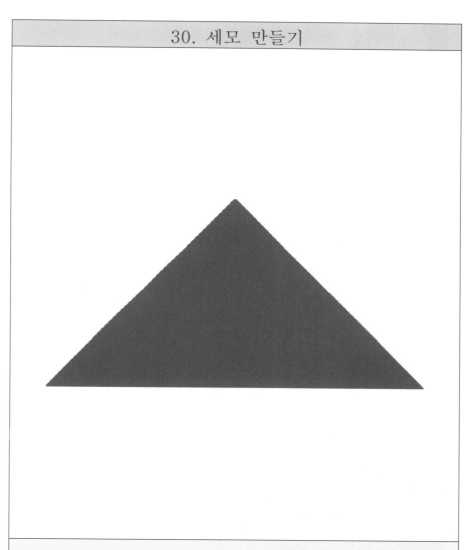

※ 세모를 보면 생각나는 것이 있으면 말해보세요.

※ 세모에 관련된 경험을 말해보세요.

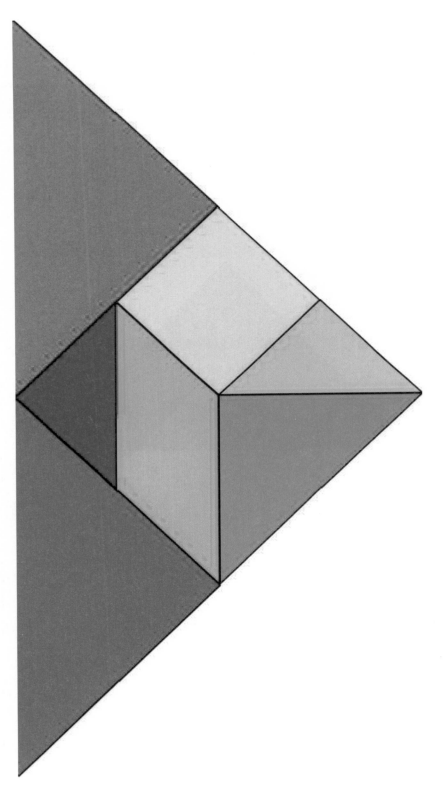

※ 소를 보면 생각나는 것이 있으면 말해보세요.

※ 소에 관련된 경험을 말해보세요.

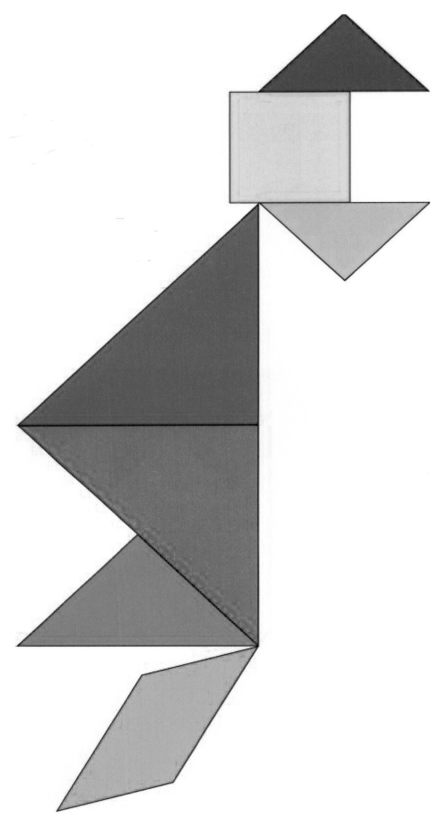

32. 아령 만들기

※ 아령을 보면 생각나는 것이 있으면 말해보세요.

※ 아령에 관련된 경험을 말해보세요.

※ 야자수를 보면 생각나는 것이 있으면 말해보세요.

※ 야자수를 본 경험을 말해보세요.

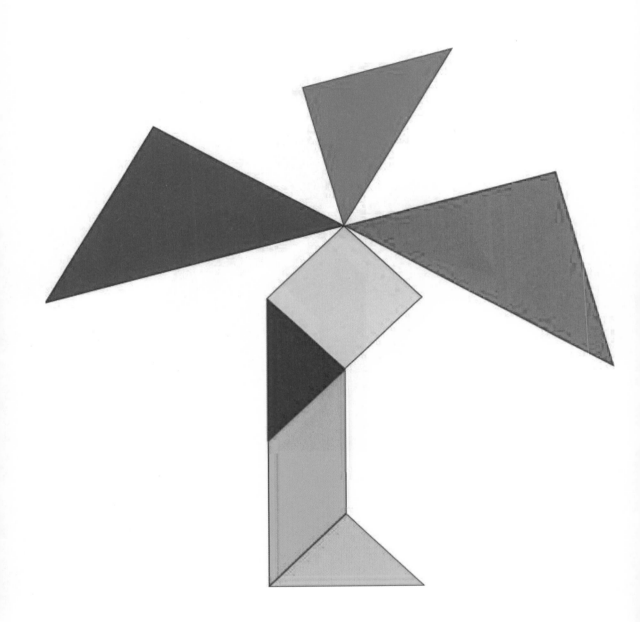

※ 여우를 보면 생각나는 것이 있으면 말해보세요.

※ 야우에 관련된 경험을 말해보세요.

35. 오리 만들기

※ 오리를 보면 생각나는 것이 있으면 말해보세요.

※ 오리에 관련된 경험을 말해보세요.

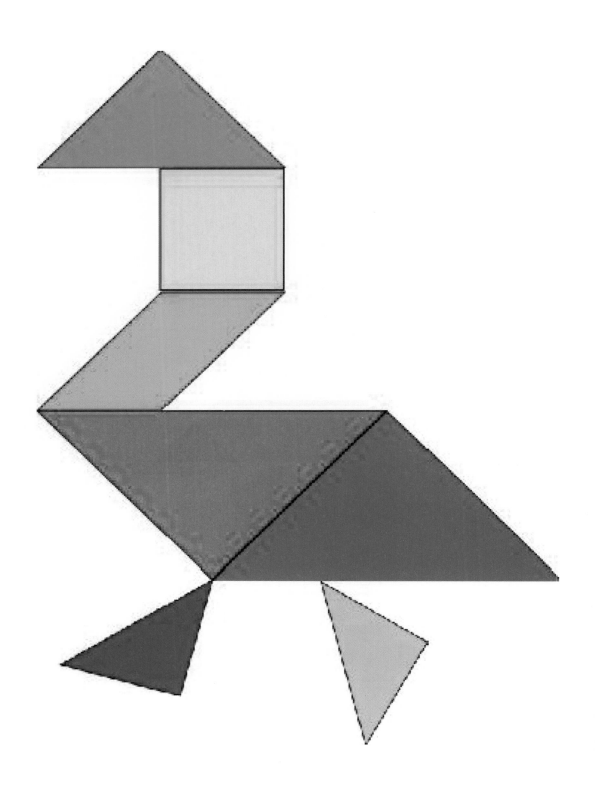

※ 요술램프를 보면 생각나는 것이 있으면 말해보세요.

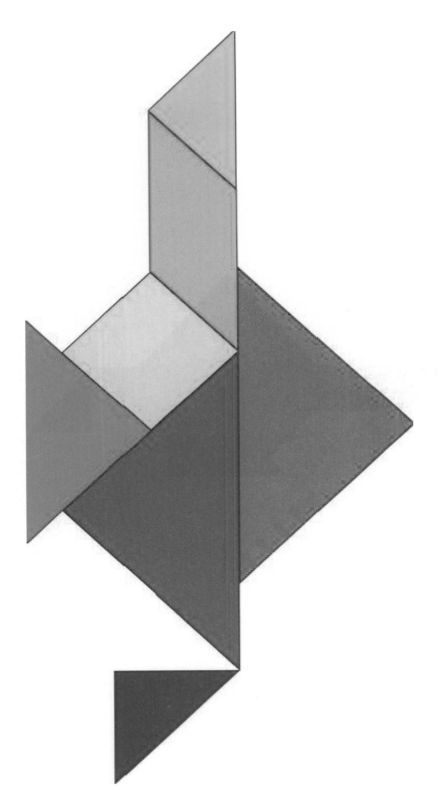

37. 요트 만들기

※ 요트를 보면 생각나는 것이 있으면 말해보세요.

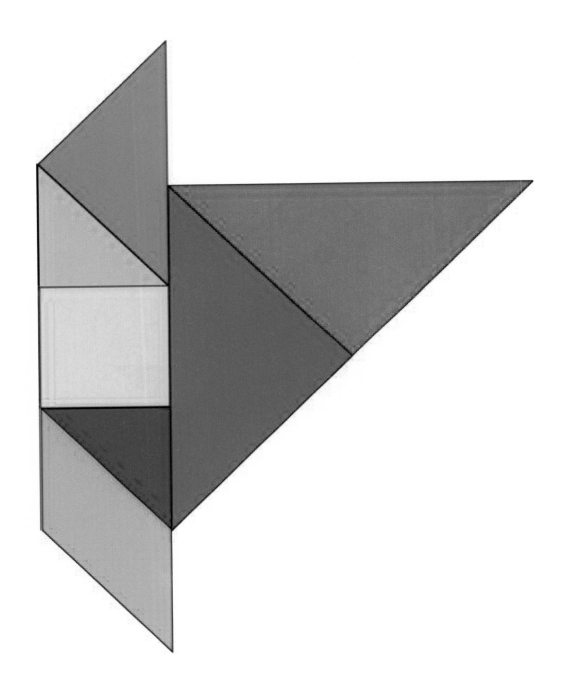

※ 우주선을 보면 생각나는 것이 있으면 말해보세요.

※ 집을 보면 생각나는 것이 있으면 말해보세요.

※ 집에 관련된 경험을 말해보세요.

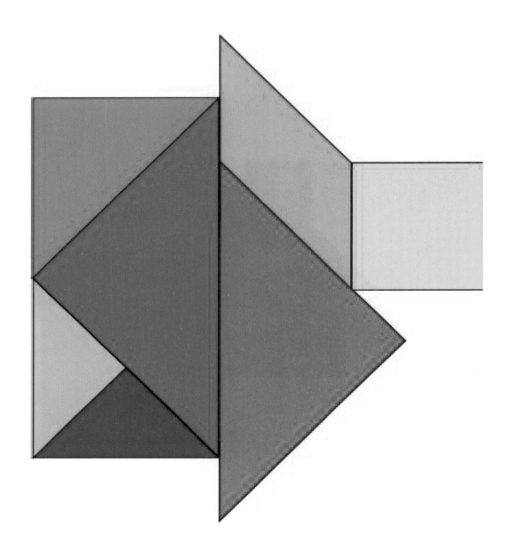

40. 초 만들기

※ 초를 보면 생각나는 것이 있으면 말해보세요.

※ 초에 관련된 경험을 말해보세요.

41. 칼 만들기

※ 칼을 보면 생각나는 것이 있으면 말해보세요.

※ 칼에 관련된 경험을 말해보세요.

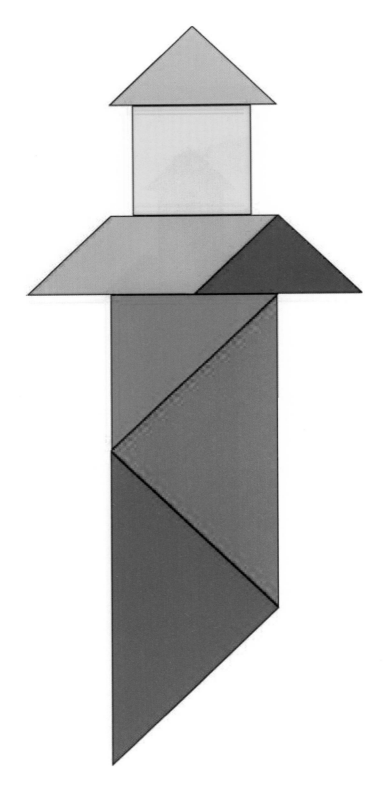

42. 컵 만들기

※ 컵을 보면 생각나는 것이 있으면 말해보세요.

※ 컵에 관련된 경험을 말해보세요.

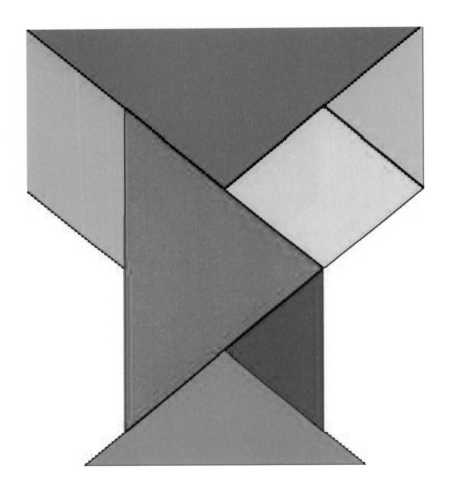

43. 탑 만들기

※ 탑을 보면 생각나는 것이 있으면 말해보세요.

※ 탑에 관련된 경험을 말해보세요.

44. 터널 만들기

※ 터널을 보면 생각나는 것이 있으면 말해보세요.

※ 터널에 관련된 경험을 말해보세요.

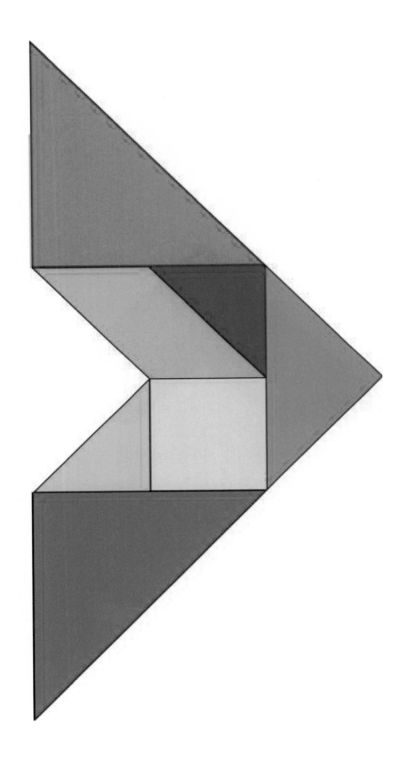

※ 토끼를 보면 생각나는 것이 있으면 말해보세요.

※ 토끼에 관련된 경험을 말해보세요.

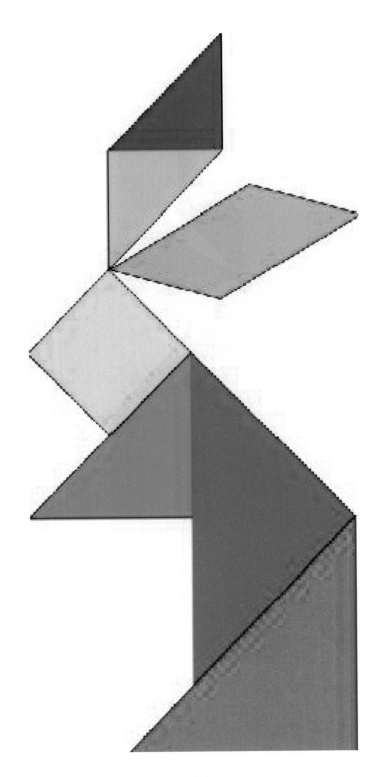

※ 팥빙수를 보면 생각나는 것이 있으면 말해보세요.

※ 팥빙수에 관련된 경험을 말해보세요.

※ 팽이를 보면 생각나는 것이 있으면 말해보세요.

※ 팽이에 관련된 경험을 말해보세요.

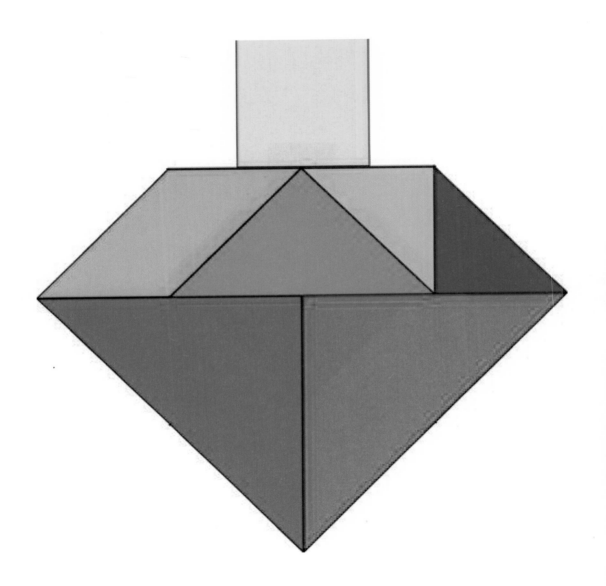

※ 표지판을 보면 생각나는 것이 있으면 말해보세요.

※ 표지판에 관련된 경험을 말해보세요.

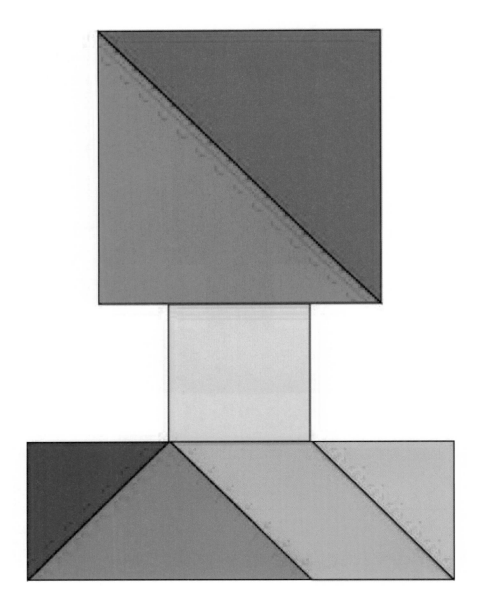

※ 화살표를 보면 생각나는 것이 있으면 말해보세요.

※ 화살표에 관련된 경험을 말해보세요.

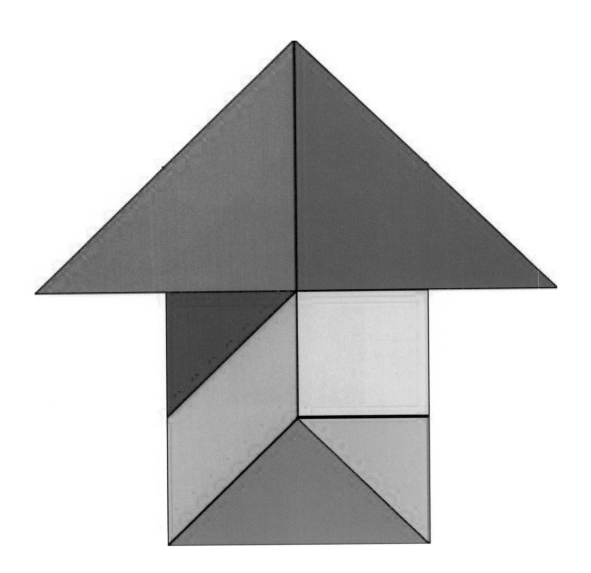

50. 학 만들기

※ 학을 보면 생각나는 것이 있으면 말해보세요.

※ 학에 관련된 경험을 말해보세요.

전도근

공주대학교 사범대학 일반사회교육과를 졸업하고, 경희대학교 교육대학원에서 교육공학을 공부하였으며, 홍익대학교 대학원에서 평생교육정책으로 박사학위를 받았다. 고등학교에서 16년간 학생들을 지도하였고, 경기도 교육청 교육정보연구원에서 2년간 연구원으로 경기지역평생교육정보센터를 운영하였으며, 강남대학교 교양학부에서 5년간 교수로 재직하였다. 교육부 학생인권헌장 재정위원, 교육부 평생교육 정책지원단장, 평생학습도시 심사위원으로 활동하였다. 전국의 각대학교, 지방자치단체, 교육청, 평생교육원, 국가전문행정연수원 및 각종 기업체 연수원 등 에서 3,000여 회 이상 특강을 하였다. 지금까지 교육, 컴퓨터, 요리, 자동차, 서비스 등과 관련된 50여 개의 자격증을 취득하였으며, 치매예방의 이론과 실제, 치매예방 활동지, 공부의 달인을 만드는 자기주도 학습전략, 명강의교수전략, 진로상담과 진로교육, 주의집중력, 자존감 카드 등 220여 권을 집필하였다.

유순덕

세종대학교 대학원에서 경영학MBA 석사과정을 마치고, 예명대학원대학교에서 사회복지학 박사학위를 받았다. 건국대학교와 성심여자대학교에서 강의를 하였으며, 칼빈대학교 대학원 겸임교수로서는 노인복지학을 강의하였고, 인덕대학교에서는 창업학 개론을 강의하고 있다. YU복지교육원을 설립하여, 치매예방과 자존감 코칭, 노후설계, 노인교육, 전통체육, 각종 심리 검사에 대한 프로그램을 개발하여 보급하고 있다. 또한 한국치매예방강사협회를 만들어 치매파트너를 양성하여 파견하고 있으며, 전국적으로 치매예방 교육과 교구들을 개발과 보급하고 있으며, 각종 노인관련 기관과 업무제휴를 맺어 가고 있다. 저서로서는「치매를 알아야 예방할 수 있다」,「치매예방을 위한 인지능력 향상활동지」,「치매예방을 위한 인지능력향상 뇌건강 학습지」,「치매예방 프로그램 지침서」,「태극투호의 이론과 실제」등 40권을 집필하였다. 그리고 심리검사지는 한국형 치매선별 검사, 한국형 계산력 검사, 한국형 기억력 검사, 한국형 시공간력 검사, 한국형 우울증 검사, 한국형 지각력 검사, 한국형 지남력 검사, 한국형 집중력 검사, 한국형 판단력 검사 등을 개발하였다.

머리가 좋아지는 칠교놀이

초판1쇄 - 2018년 10월 30일
*

지은이 - 전도근·유순덕
발행인 - 이 규 종
펴낸 곳-예감출판사
등록-제2015-000130호
주소-경기도 고양시 일산동구 공릉천로 175번길 93-86
전화-031)962-8008
팩시밀리-031)962-8889
홈페이지-www.elman.kr
전자우편-elman1985@hanmail.net
*

*

ISBN 979-11-89083-31-1(13690)

값 12,000 원